INVENTAIRE
V 30.486

Appert

V

V
©

30486

NOTICE

SUR

LA DÉPURATION DE LA GÉLATINE.

NOTICE

SUR LA

Dépuration de la Gélatine

EXTRAITE DES OS,

ET RENDUE PROPRE A LA CLARIFICATION

des Vins, Eaux-de-Vie, Liqueurs, etc.,

Par APPERT,

Membre de la Société d'Encouragement pour l'industrie nationale; auteur de l'art de conserver fraîches toutes les Substances alimentaires; inventeur du perfectionnement de la dépuration de la Gélatine extraite des os par l'acide muriatique; et du nouveau procédé pour l'extraction de cette Substance, par l'application du calorique, au moyen de la chaudière à compression ou autoclave.

PARIS.
EVERAT, IMPRIMEUR-LIBRAIRE,
rue du Cadran, N° 16.

1827.

AVIS.

Le mérite de la gélatine, pour la parfaite clarification des vins et de tous les autres liquides, est généralement reconnu et apprécié par les savans qui en ont fait l'analyse, et par tous les propriétaires et négocians en vins qui en ont adopté l'emploi. Des expériences nombreuses et réitérées chaque jour, démontrent de la manière la plus évidente sa supériorité sur les ingrédiens, tels que les œufs, la colle de poisson, la poudre de sang de bœuf et de tannin, etc., employés jusqu'à présent à la clarification.

Toute découverte importante offerte au public, doit éprouver plus ou moins d'opposition avant d'obtenir l'assentiment général; celle de la gélatine ne devait pas en être plus exempte qu'une autre; mais elle a victorieusement triomphé des vieilles routines, et aucune des personnes qui en ont adopté l'usage, ne reviendra aux anciens procédés, moins sûrs dans leurs résultats et beaucoup plus dispendieux dans leur application.

Un kilogramme de gélatine, dont le prix est de 6 francs, contient trente-huit à quarante tablettes; une once de ces tablettes suffit pour coller deux pièces de chacune 200 à 250 litres d'un vin rouge ou blanc, loyal et sain, sans donner aucun déchet, et en précipitant la lie sous un très-petit volume au fond du tonneau. Un avantage inappréciable de cette colle, est de ne jamais remonter, ainsi qu'il arrive trop souvent aux œufs et à la colle de poisson.

La gélatine nettoie et débarrasse le vin de toutes les parties hétérogènes, lui rend sa limpidité, rétablit sa saveur et son bouquet, en un mot, le purge et le recompose totalement.

Outre son utilité considérée comme colle à vins, la gélatine présente encore de nombreux avantages pour l'économie domestique; elle sert aux chefs d'offices, aux restaurateurs, aux glaciers et aux cuisiniers pour leurs gelées et entremets. Elle remplace avec supériorité la gélatine alimentaire que l'on vend en copeaux, brute et sans être dépurée. La gélatine s'emploie aussi à l'apprêt des étoffes, des chapeaux, etc., etc., dans les bains oléagineux, où elle est d'un effet inappréciable.

M. Appert se propose de publier très-incessamment une instruction complète sur la manière de confectionner la gélatine, et sur l'usage de l'autoclave.

Les personnes qui désireraient se procurer des échantillons des diverses sortes de gélatines en trouveront ainsi que des instructions relatives à leur usage, à l'exposition du Louvre, sous le n° 503, 4e salle.

AVANT-PROPOS.

Lorsqu'en 1826, M. Appert publia la première édition de cette notice, il espérait arrêter le torrent d'injures et de calomnies dont le poursuivaient les époux Lainé. Il croyait qu'en exposant les faits avec simplicité, il allait réduire ses adversaires au silence. L'événement l'a singulièrement désabusé. Plus il avait apporté de modération dans sa réponse, plus les faits présentés sous leur véritable jour devenaient incontestables, plus la fureur de madame Lainé a redoublé. Son orgueil féminin s'est irrité au point d'égarer sa raison ; et, dès ce moment, ne considérant plus aucune convenance, n'écoutant que son aveugle colère, il n'est aucune assertion, quelle que soit son absurdité, qu'elle n'ait osé imprimer dans ses libelles.

Familière avec la maxime de dom Bazile, qu'il reste toujours quelque chose de la calomnie, elle s'est mise à en fabriquer d'une qualité tellement supérieure qu'elle ne doit craindre aucune concurrence dans ce genre d'industrie.

Par exemple : dans un article récapitulatif de toutes ses injures contre M. Appert, inséré dans le Journal du Commerce du 18 mai dernier, la dame Lainé assure que la gélatine de ce fabricant devient promptement putride ; et elle appuie cette ridicule assertion de l'autorité d'un journal défunt, le Frondeur, n° du 24 juin 1826, ainsi que de celle de la feuille de Bayonne du 5 septembre de la même année. Il y a dans cette allégation autant de mensonges que de mots; et ni l'une ni l'autre des feuilles citées n'a rien dit de pareil ;

elles n'ont pas même parlé de la gélatine. C'est un fait avéré, et dont chacun peut se convaincre. Nous nous bornerons à signaler le mensonge sans nous arrêter à la stupidité de la calomnie.

Voici une autre gentillesse de cette dame que nous traiterons avec moins d'indulgence : elle affirme, car c'est là sa formule favorite, que la gélatine de M. Appert est fabriquée avec des tablettes de mauvais jus de viandes et de légumes (1). Ceci est un peu fort, et madame Lainé nous paraît abuser

---

(1) Les tablettes de jus de viandes et légumes, dont madame Lainé donne ici une idée si désavantageuse, sont un des plus intéressans produits de la fabrique de M. Appert.

Leur emploi devient de jour en jour plus général, et quand l'économie qui en résulte ne serait pas un motif suffisant d'en adopter l'usage, leurs excellentes qualités et le parti qu'on en tire dans les meilleures cuisines en garantiraient le succès.

Un pot-au-feu de deux livres de viande auxquelles on ajoute deux onces de cette substance avec la quantité d'eau nécessaire pour quatre livres, procure un bouillon

étrangement du privilége de déraisonner : espère-t-elle persuader au public que M. Appert est assez fou pour confectionner de la colle à vin avec des carottes, des oignons, de l'ail, des navets, etc., etc. ! Personne ne la voudra croire, ou, pour mieux dire, personne ne pourra penser que madame Lainé, femme d'un droguiste, très-familiarisée elle-même avec tout ce qui est drogue, ait imprimé une pareille niaiserie. Mais que l'on parcoure cette notice, et l'on en verra bien d'autres, car tout ce qu'elle a imprimé contre nous repose sur cet axiome, qu'il vaut mieux, dans certains cas, répondre une

---

aussi abondant et aussi corsé qu'il le serait avec quatre livres de viande.

On peut se servir de ces tablettes pour préparer, améliorer les légumes secs, ainsi que le riz, etc., et aussi toutes les purées.

Ces tablettes se vendent 3 fr. la livre, à la fabrique de M. Appert, rue Moreau n° 17, faubourg Saint-Antoine.

absurdité que de ne rien dire du tout.

Dominée par cette pensée, madame Lainé va son chemin, et sans tenir compte ni des faits les plus patens, ni des dates, si importantes à remarquer dans la question dont il s'agit, elle ne trouve rien de plus ingénieux que de présenter M. Appert comme un simple ouvrier chimiste, une sorte de mercenaire qui, après avoir travaillé sous sa direction, lui aurait frauduleusement surpris son secret.

En vérité, il faut non seulement que cette pauvre dame ait perdu toute mémoire, mais encore qu'elle s'imagine que le même accident soit arrivé à tout le monde ; heureusement, il n'en est pas tout-à-fait ainsi, et M. Appert a conservé de nombreux documens qui serviront à rappeler à madame Lainé le souvenir de faits qu'elle semble avoir entièrement oubliés.

Sa correspondance, par exemple,

dont nous citerons quelques lettres dans le cours de cette notice ; le texte du projet d'acte rédigé par son mari et écrit de sa propre main à l'époque où il demandait à être chargé seul de la vente de la gélatine fabriquée par M. Appert, prouveront évidemment que cet ouvrier chimiste, loin d'avoir été aux gages des époux Lainé, était le seul inventeur, le véritable propriétaire du procédé qu'on l'accuse aujourd'hui d'avoir dérobé.

Ces pièces prouveront encore que cette qualité si importante, si injustement contestée par les sieur et dame Lainé, fut reconnue par eux-mêmes, et que le sieur Lainé l'accorde sans restriction dès les premières lignes de l'acte malencontreux que nous rapportons, acte qu'il croyait anéanti depuis longtemps, et que son mauvais génie vient d'exhumer pour le confondre, et démontrer la loyauté avec laquelle il a agi, en obtenant pour sa femme le brevet d'invention dont elle se montre si vaine.

La simple lecture de ces pièces, dont M. Appert conserve soigneusement les originaux, révélera enfin de quel côté est la justice, et le public impartial pourra décider en connaissance de cause entre l'inventeur sans brevet, et les falsificateurs brevetés.

Le grand argument de madame Lainé, l'argument qu'elle croit invincible, c'est qu'elle est brevetée, et que M. Appert ne l'est pas.

Nous croyons avoir démontré victorieusement dans le courant de cette écrit, la nullité du brevet de madame Lainé. Sa conduite à notre égard, nous porte même à croire qu'elle partage cette opinion. S'il en était autrement, il y a long-temps qu'elle aurait réalisé son éternelle menace, et que les tribunaux auraient prononcé sur ses droits;

mais les conséquences sont ici trop graves, et madame Lainé, qui oserait braver le scandale d'une pareille attaque recule prudemment devant les suites qu'elle ne manquerait pas d'avoir.

Pour se consoler de son impuissance, elle feint de ne pas comprendre le défi, que lui porte M. Appert, d'user des droits que son brevet lui donne.

Transposant ingénieusement les rôles, elle badine avec grâce sur ce qu'elle appelle les menaces furibondes d'un homme en délire qui veut l'empêcher d'exercer son industrie.

M. Appert n'a jamais eu l'intention d'empêcher madame Lainé, ni personne, de fabriquer de la gélatine; la publicité qu'il a donnée à sa découverte en est la preuve incontestable.

Il n'a jamais défié cette dame d'user en cela des droits qu'elle tient, non pas précisément du brevet qu'elle a acheté, mais de la pure générosité de lui inventeur qui, en refusant de se faire breveter, a admis tout le monde à jouir des fruits de sa découverte.

Mais il est vrai que M. Appert a défié et qu'il défiera toujours madame Lainé, de rien entreprendre contre lui en vertu de son prétendu titre ; qu'il la défie de prouver une seule de ses calomnies, et qu'il va même jusqu'à la défier de fabriquer jamais de la gélatine passable, fût-ce à 10 fr. le kilogramme.

Poursuivi des clameurs des époux Lainé, irrité des diffamations dont-ils le rendaient l'objet, M. Appert, qui long-temps n'avait opposé à tant d'injures que le silence du mépris, crut enfin devoir repousser le flux de calomnies dirigé contre sa personne. Il l'a fait avec franchise et énergie, mais sans sortir des bornes de la vérité et de la modération, surtout sans entrer dans le vaste champ des récriminations qui lui offrait une moisson aussi abondante que facile. Comme il s'y attendait bien, la dame Lainé, pour donner le change, n'a pas manqué de crier elle-même à la calomnie ; mais cette vieille tactique ne lui impose pas, et fort du témoignage de sa conscience, armé de preuves irrésistibles, il attend ses adversaires.

NOTICE

SUR

la Dépuration de la Gélatine

EXTRAITE DES OS,

ET RENDUE PROPRE A LA CLARIFICATION DES VINS, EAUX-DE-VIE, LIQUEURS, etc.

En 1816, M. Darcet, inventeur de cette gélatine, désirant trouver un artiste pour la perfectionner par la dépuration, afin de pouvoir la rendre généralement utile à l'économie domestique, ainsi qu'aux arts, avait formé à grands frais avec M. Robert et compagnie, au collége des Grassins, un établissement qui n'eut aucun succès, et fut abandonné ainsi que ses produits.

La gélatine, extraite des os par M. Darcet au moyen de l'acide muriatique, était, dans l'origine, envoyée humide de la fabrique de ce dernier à M. Robert, cessionnaire du brevet de l'inventeur; cette gélatine humide était divisée en petites bandelettes, ensuite séchée et mise en vente sous la dénomination de gélatine alimentaire.

Cette substance dont on se promettait beaucoup d'utilité dans les voyages de mer, ne répondit pas à l'attente qu'on s'en était formée, ainsi que l'attestent les rapports de plusieurs marins.

En effet, la gélatine extraite par l'acide muriatique, quoique bien lavée et séchée, reste toujours imprégnée de cet acide, ainsi que de beaucoup de parties hétérogènes qu'il est impossible de faire disparaître à l'usage.

Les choses étaient dans cet état, lorsque M. Darcet invita M. Appert, auteur de l'art de conserver indéfiniment les substances alimentaires, à chercher les moyens de perfectionner cette gélatine, de manière à pouvoir l'utiliser.

En conséquence, M. Appert, demeurant alors rue Cassette, faubourg Saint-Germain, prit à cet effet, chez M. Robert, 25 kil. de cette gélatine brute et desséchée; il se livra à diverses expériences, et prépara cette substance de différentes manières. Les résultats de ces expériences furent tous à la satisfaction de M. Darcet : M. Appert fut conduit, par suite, à connaître le moyen de dégager cette gélatine brute de toutes les parties hétérogènes, ainsi que de l'acide muriatique dont elle était imprégnée; il eut la satisfaction de la présenter dépurée en tablettes claires et transparentes; il présenta en même temps d'autres tablettes préparées de beaucoup de manières différentes. C'est donc à M. Appert, que l'on doit le perfectionnement de la gélatine (1).

M. Darcet sentit toute l'importance que présentaient ces résultats en faveur de sa gélatine; aussi, à partir de ce moment, il té-

---

(1) En citant les noms de personnes pour lesquelles il professe la plus haute estime, telles que MM. Darcet et Robert, M. Appert sent le besoin de leur offrir ses excuses. Uniquement occupé de travaux qui ne sont pas dépourvus d'utilité, il n'aime pas à entretenir le public de lui. La nécessité de repousser une injuste attaque l'a seule porté à fournir les matériaux de cette notice, et à retracer l'historique de la dépuration de la gélatine.

moigua à M. Appert le désir qu'il avait de donner à ce nouveau moyen de perfectionner cette substance, toute l'extension dont il était susceptible.

En 1817, M. Appert obtint de la bienveillance du gouvernement, un local vaste et commode aux Quinze-Vingts, pour y faire en grand l'application de son procédé à la conservation de toutes les substances alimentaires, et M. Darcet, en raison de l'analogie qu'elle présentait avec les conserves de M. Appert, engagea ce dernier à faire des dispositions particulières dans son établissement pour dépurer sa gélatine. M. Darcet présida lui-même aux arrangemens nécessaires pour cet objet, et M. Appert fit des dépenses considérables en appareils, ustensiles, etc.

Le tout étant ainsi disposé, M. Robert envoya plusieurs milliers de gélatine humide à la fabrique de M. Appert pour y être dépurée et coulée en tablettes de diverses proportions.

Les vues de MM. Darcet et Robert étaient d'utiliser leur gélatine ainsi perfectionnée, en la fournissant aux hospices civils et militaires, aux hôpitaux des villes maritimes, aux maisons de réclusion, et pour tous les voyages de mer.

Environ deux ans après (le 20 janvier 1820), M. Robert traita avec M. Appert par acte sous seing-privé, pour disposer, perfectionner et mettre en tablettes 22,000 kil. de gélatine d'os, extraite par l'acide muriatique, et M. Robert s'obligea à fournir à M. Appert les matières nécessaires pour cette opération : ce dernier se mit en mesure de remplir l'engagement contenu dans ce traité, et fut obligé à de nouvelles dépenses d'appareils et de moules.

A cette époque, M. Robert donna à la vente à M. Lainé, droguiste à Paris, non seulement la gélatine brute en copeaux, dite alimentaire, mais encore la gélatine en tablettes dépurée et perfectionnée, sortant de la fabrique de M. Appert ; mais à peine ce dernier avait-il livré 7,000 kil. de gélatine épurée que M. Robert cessa tout-à-coup de fournir les matières premières pour les 15,000 kil. restant à confectionner, ainsi qu'il s'y était obligé par l'acte du 20 janvier 1820.

Dans cet état de choses, la vente des 7,000 kil. étant épuisée, M. Lainé ne pouvait plus satisfaire aux demandes qui lui étaient faites de cette substance en tablettes; il se trouva obligé de prendre de la gélatine brute en copeaux chez M. Robert pour l'envoyer à M. Appert, afin que celui-ci s'occupât de la dépurer et de la mettre en tablettes.

Jusqu'à cette époque, M. Lainé n'a vendu que les matières premières fournies par M. Robert, et perfectionnées par M. Appert; mais sur ces entrefaites, M. Appert, toujours occupé de nouvelles découvertes, était parvenu à opérer l'extraction de la gélatine des os, au moyen de la pression, en n'employant que des matières fraîches et récentes, préférables sous tous les rapports, même sous celui de l'économie, à la gélatine extraite par l'acide muriatique : aussi M. Lainé sentit l'avantage de cette nouvelle découverte de M. Appert, et se décida à remplacer par la gélatine de ce dernier, celle que M. Robert ne pouvait plus lui fournir à la vente, et qui fut entièrement abandonnée.

Il le fit d'autant plus volontiers qu'il y trouva

un grand avantage, M. Appert lui cédant à 5 fr. le kil. une gélatine incomparablement supérieure à celle que lui livrait à 8 fr. M. Robert.

Dès-lors le sieur Lainé engagea, par tous les moyens imaginables, M. Appert à donner la plus grande étendue possible à sa fabrication. Comme chargé de la vente des produits, il était sans cesse au milieu des laboratoires de ce dernier, et se familiarisait ainsi avec toutes les opérations du procédé. M. Appert, qui déjà avait fait hommage de sa découverte à la société d'Encouragement, et qui ne cherchait à cacher aucun des détails de la manipulation, ne s'en offensa jamais; plus tard on verra comment le sieur Lainé répondit à cette marque de confiance.

En 1824 et 1825, M. Appert a vendu à forfait à M. Lainé 3,000 kil. de gélatine confectionnée par son nouveau procédé, à 3 fr. par kil., au-dessous du prix auquel M. Robert la lui vendait (1).

---

(1) C'est à cette époque que se rapporte la lettre suivante, extraite de la correspondance de madame Lainé

En janvier 1825, pour cause de la troisième faillite de son mari, madame Lainé se chargea seule de la vente de cette gélatine, et au mois de juin suivant, elle fit des proposi-

---

avec M. Appert. Le sujet sur lequel elle roule établit clairement de quelle nature étaient leurs rapports, et donne le démenti le plus formel aux assertions calomnieuses répandues dans la suite par cette dame contre M. Appert.

Paris, 13 avril 1825.

« M. Appert se trompe quand il me dit que je l'ou-
» blie, car je pense souvent à lui; mais que veut-il que
» je fasse contre l'impossible? Aussitôt que j'ai eu quel-
» que argent, il a bien vu que je lui en ai remis de suite;
» il faut maintenant que j'attende que cela rentre; mais
» cependant, s'il avait de la gélatine de fabriquée, en
» prouvant que je l'expédie, je pourrais lui en remettre
» la valeur; c'est pourquoi je l'engage beaucoup à fa-
» briquer, puisque c'est le seul moyen de réaliser son
» grand tas d'os et de rentrer dans des espèces. Si vous
» aviez 200 kilog. de bien sèche, je vous les ferais ré-
» gler en justifiant de votre facture; en attendant, tâ-
» chez de m'en fournir 40 kilog.

» J'espère vous remettre demain ou après les 500 fr.
» dont j'ai entretenu votre neveu. Faites de la gélatine
» à force !

» Salut et considération,

» F^e LAINÉ. »

tions à M. Appert, pour qu'il consentît, par un acte sous seing-privé, à lui accorder le privilége exclusif de la vente de toute la gélatine qu'il pourrait confectionner (1), M. Lainé, stipulant naturellement les intérêts de son épouse, rédigea un projet d'acte pour servir de contre-partie à celui de M. Appert; ce dernier se trouvait, comme il l'est encore, créancier de M. Lainé d'une somme de près de 5,000 fr. pour fourniture de gélatine.

Le projet d'acte rédigé par M. Lainé est assez important pour qu'il soit convenable de le placer en entier sous les yeux du lecteur; le voici fidèlement copié sur la minute écrite de sa propre main :

« Entre nous soussignés, Nicolas Appert,
» chimiste, demeurant à Paris, rue Moreau,
» n° 17, et Sophie-Victoire Lanchon, femme
» Lainé, demeurant rue Sainte-Croix-de-la-

---

(1) M. Appert n'accueillit cette proposition que par un sentiment de pure humanité et de commisération pour la situation de madame Lainé et de ses enfans, que la faillite du sieur Lainé semblait devoir plonger dans le plus grand dénûment.

» Bretonnerie, n° 20, a été convenu et sti-
» pulé ce qui suit :

» 1° Moi Nicolas Appert, *auteur et proprié-*
» *taire* d'un procédé pour préparer la gélati-
» ne, entièrement différent de celui inventé par
» M. Darcet, *m'engage et m'oblige à vendre*
» *uniquement et exclusivement à madame*
» *Lainé, jusqu'à concurrence d'environ*
» 5,000 *kil., le produit de ma fabrication*
» *en cette gélatine, pour être livré et payé*
» *de mois en mois d'ici à la fin de décem-*
» *bre prochain*, savoir :

» 400 kil. présent mois de juin (1825);
» 600 kil. le mois de juillet, et successive-
» ment 600 kil. par chacun des mois d'août,
» septembre, octobre, novembre et décem-
» bre, sans que toutes ces livraisons puis-
» sent jamais dépasser la quantité susdite
» de 5,000 kil.

» 2° Le prix de la gélatine est fixé à 5 fr.
» le kil. payable comptant sous l'escompte
» de 2 pour cent.

» Il sera facultatif à madame Lainé de ré-
» clamer les livraisons avant la fin des mois
» dans la durée desquels elle est obligée de

» se livrer, et alors il lui sera tenu compte
» d'un demi pour cent par mois d'escompte
» pour anticipation de livraison et de paie-
» ment.

» 3° *Madame Lainé vendra cette gélatine*
» *aux prix et conditions qu'il lui plaira*
» *établir,* elle fera toutes les affiches, an-
» nonces, publications à ses frais; il en sera
» de même des voyages dont elle sera en-
» tièrement chargée. Néanmoins comme ces
» voyages auront pour but de propager l'u-
» sage et la consommation de la gélatine,
» M. Appert consent à y entrer pour une
» somme que sa loyauté fixera, *non en es-*
» *pèces, mais en diminution de celle d'en-*
» *viron 5,000 fr. pour laquelle il se trouve*
» *compris dans la faillite de M. Pierre*
» *Gatien Lainé, époux de ladite dame*
» *Lainé.*

» 4° Le passé ayant prouvé que tout re-
» lâchement dans la fabrication anéantirait
» la gélatine, M. Appert s'oblige à livrer
» constamment une qualité conforme à
» celle existant aujourd'hui; mais, afin d'être
» constamment d'accord à cet égard, il sera

» fait dix paquets de gélatine revêtus du ca-
» chet des parties, lesquels paquets reste-
» ront, cinq ès-mains de M. Appert, et cinq
» ès-mains de madame Lainé pour servir
» d'échantillon au besoin.

» 5° M. Appert s'oblige tant pour lui que
» pour ses ayant-cause, à ne pas vendre,
» livrer ou expédier pour son compte ou celui
» d'autrui, aucune quantité de gélatine, pas
» même la plus minime : par contre il prend
» l'engagement d'indiquer ou d'envoyer à
» madame Lainé, tout acheteur ou consom-
» mateur qui s'adresserait à lui, soit verba-
» lement ou par correspondance.

» 6° La gélatine n'étant pas un article dont
» on puisse forcer la consommation, M. Ap-
» pert s'oblige formellement à n'en point fa-
» briquer d'autre sans l'avis et le consente-
» ment de la dame Lainé.

» Cependant si le premier mars prochain,
» la dame Lainé n'avait donné aucun avis à
» M. Appert, pour la fabrication d'une nou-
» velle quantité de gélatine, il sera loisible à
» ce dernier, d'en fabriquer de nouvelle, pour
» la vendre à la dame Lainé, et à nul autre, au-

» dessous du prix de 5 francs le kilogramme,
» parce qu'alors tous les frais de M. Appert
» seront couverts et changés en bénéfices,
» tandis que, vu tous ses frais généraux, la
» dame Lainé a besoin d'opérer beaucoup de
» ventes pour trouver un avantage décidé et
» constant dans cette opération.

» Toutes contestations entre les parties ou
» leurs ayant-cause, dans l'exécution du pré-
» sent acte, seront jugées souverainement,
» sans appel ni recours en cassation, par deux
» arbitres contradictoirement nommés; auto-
» risant dès aujourd'hui lesdits arbitres à
» choisir un tiers en cas de partage d'opi-
» nion.

» Les parties s'obligent donc formellement
» à reconnaître le jugement alors à intervenir
» comme s'il émanait de la plus souveraine
» autorité du royaume.

» Fait double et de bonne foi, Paris, ce
» . . . . . . » (1).

---

(1) Est-il encore permis, après la lecture de ce projet d'acte, d'élever le moindre doute sur les droits de M. Appert, et sur la légitimité de son titre de premier inventeur

M. Appert proposa d'autres conditions que madame Lainé rejeta, en déclarant par écrit qu'elle renonçait à s'occuper de cette affaire.

Quelques jours après cette renonciation, M. Appert donna la vente de toute la gélatine confectionnée dans sa fabrique à MM. Jacques et compagnie, négocians à Paris (1).

---

du perfectionnement de la gélatine? Le peut-on, lorsqu'on voit M. Lainé, librement et par la seule force des choses, les reconnaître lui-même dans tout le contenu d'une pièce aussi importante?

(1) Depuis lors, M. Appert ayant réduit à 6 fr. le kil. le prix de la gélatine qui se vendait 10 fr. (comme le fait encore madame Lainé), s'est par cette forte réduction, interdit la faculté de maintenir aucun dépôt. Cette raison l'a déterminé à retirer celui qu'il avait chez MM. Jacques et compagnie.

La dame Lainé, habile à saisir toutes les occasions de répandre ses calomnies, s'exprime ainsi à ce sujet, dans le dernier libelle qu'elle vient de publier :

« Depuis plusieurs mois, MM. Jacques et compagnie
» ne sont plus en nom; auraient-ils reconnu que, mal-
» gré toutes ses déclamations et ses forfanteries, le
» sieur Appert ne sait rien et ne fait rien de bien, et
» que leur nom, honorable d'ailleurs, ne pouvait rien
» gagner, accolé comme il l'était avec un individu, etc.? »

M. Appert est trop accoutumé aux grossièretés de

Aussitôt que M. Lainé eut connaissance de ce dépôt, il proposa des arrangemens à MM. Jacques et compagnie, pour faciliter à son épouse les moyens de continuer à vendre de cette gélatine. En effet le 19 décembre 1825, ces messieurs lui en firent livrer 52 1/2 kilogrammes, le 24 du même mois, 75 kilo-

---

madame Lainé, il les méprise trop pour s'abaisser à y répondre. Cependant, il croit devoir, dans l'intérêt de sa réputation, consigner ici la lettre suivante de MM. Jacques et compagnie, comme un témoignage authentique de leur estime pour sa gélatine.

Paris, le 12 juin 1827.

« Monsieur,

» Nous serions à même d'écouler de temps en temps
» quelques kilog. de votre gélatine, pourrait-il vous con-
» venir de nous en fournir à nos anciennes conditions,
» c'est-à-dire, à 5 fr. le kilog., et 10 p. % d'escompte ?
» S'il en était ainsi, nous vous autoriserions à nous en
» envoyer de suite 40 kilog, don t une caisse de 30 kilog.
» et les 10 kilog. non emballés.

» Si cette proposition ne vous convient pas, veuillez
» considérer notre ordre comme non-avenu ; dans tous
» les cas, nous attendons votre réponse.

» Agréez, Monsieur, etc.

» JACQUES ET COMP^e. »

grammes, et le 24 novembre 1826, 45 kilog.; total 172 1/2 kil. (1).

Les faits énoncés ci-dessus sont de toute vérité ; ils sont d'ailleurs appuyés de la correspondance qui existe entre les mains de

---

(1) Madame J aîné, au sujet de ces arrangemens, écrivait ainsi à M. Appert :

« Monsieur Appert,

» Je suis allée ce matin chez MM. Jacques et compa-
» gnie, auxquels j'ai arrêté 50 kilog. de gélatine, et
» comme ces Messieurs ont bien voulu me dire qu'ils ne
» s'opposaient point à ce que vous me rendiez la gélatine
» restée chez vous, en vous la réglant de nouveau au
» prix de 5 fr. le kilog., je viens vous prier de me dire
» quel jour vous voulez que je me rende chez vous pour
» vous solder de nouveau cette gélatine en en prenant
» livraison ; MM. Jacques sont convenus que ma récla-
» mation était juste, et j'aime à penser que vous êtes
» dans les mêmes sentimens.

» J'ai l'honneur, etc.
» F^e Lainé. »

« P. S. Vous savez que je ne tiens pas à l'avoir en
» paquets, puisque je ne dois pas y laisser les imprimés
» de MM. Jacques, chose dont ils sont convenus eux-
» mêmes. Ainsi, mes débouchés et ceux de MM. Jacques
» sont dans votre intérêt, comme il est convenu que
» j'aurai recours à eux pour mes besoins. »

M. Appert, de MM. Darcet, Robert, Chaptal fils, Lainé et son épouse, et MM. Jacques et compagnie, anciens dépositaires de la gélatine. Ils sont en outre appuyés des comptes de vente de la gélatine; de plus, le rapport fait à la société d'Encouragement, il y a environ deux ans, certifiera le moyen qu'emploie M. Appert, pour l'extraction de la gélatine.

On peut conclure de cet exposé :

1° Que M. Appert est jusqu'à présent le seul connu comme étant parvenu à dépurer, perfectionner et mettre en tablettes la gélatine extraite par l'acide muriatique d'après le procédé de M. Darcet;

2° Que M. Robert n'a pu donner, à la vente à madame Lainé, des tablettes de gélatine dépurée autres que celles provenant de la fabrique de M. Appert, et confectionnées en exécution du marché passé entre eux le 20 janvier 1820, et, par conséquent, que ledit sieur Lainé n'a pu en vendre d'autres;

3° Que M. Robert ne pouvant plus fournir de gélatine confectionnée par M. Appert, madame Lainé n'a vendu constamment depuis, et jusqu'au 24 novembre 1825, que de la gélatine dépurée au moyen du nouveau procédé de M. Appert, et prise chez lui ou chez MM. Jacques et compagnie;

4° Et enfin qu'il est constant qu'il n'y a que deux procédés connus pour l'extraction de la gélatine des os : celui de M. Darcet, par *l'acide muriatique ;* et celui de M. Appert par *l'application du calorique, à l'aide de la chaudière à vapeur ou autoclave.*

Qu'il est prouvé par les annales de la société d'Encouragement que ce dernier moyen était connu et pratiqué par M. Appert avant l'année 1823; que dès cette époque, il en avait indiqué tous les détails à cette société savante, ainsi qu'il résulte du rapport de M. Labarraque, membre de la commission nommée *ad hoc* par elle, à l'effet de constater par une suite d'expériences faites sous ses yeux et dans la fabrique même de M. Appert, le mérite de la découverte; rapport imprimé et publié dans le bulletin de la société (mois de mars 1824, pages 91 et suivantes) (1).

---

(1) Ce ne fut que le 10 novembre 1825 que la dame

Par une circulaire ou prospectus, madame Lainé annonce : 1° *de la gélatine de qualité supérieure à* 10 *fr. le kil.;* 2° *l'obtention en son nom d'un brevet d'invention et de perfectionnement.*

Avec de l'argent, toute personne peut obtenir un brevet d'invention à ses risques et périls, car le gouvernement ne garantit rien; l'importance d'un semblable brevet repose tout entière sur l'efficacité de la découverte que veut exploiter celui qui l'a obtenu; mais quand ce brevet a été surpris à l'autorité, sans aucun titre, et contrairement aux disposi-

---

Lainé se pourvut d'un brevet d'invention pour un procédé nouveau, entièrement opposé, assure-t-elle, à celui du premier inventeur, le savant M. Darcet, trois ans après la publication authentique de celui de M. Appert.

Quel est ce nouveau procédé ? Toute la question est là. S'il n'a rien de commun avec celui de M. Appert, comment expliquer l'éternel reproche de plagiat qu'elle ne cesse de lui adresser ?

Mais s'il est effectivement le même, s'il repose uniquement sur l'application du calorique par la chaudière à pression, qui est le plagiaire de celui qui a publié ce procédé dès l'année 1823, ou de celui qui s'est fait breveter pour la même découverte à la fin de 1825 ?....

tions précises de la loi, il devient nul de plein droit, ce qui est absolument le cas dans lequel se trouve le brevet de madame Lainé.

Après avoir, dans sa circulaire, indiqué M. Darcet comme inventeur de la gélatine, madame Lainé annonce un procédé pour obtenir la gélatine, entièrement contraire à celui du premier inventeur, et qui vient de lui valoir un brevet : cette dame fait ensuite l'éloge le plus complet du mérite de cette substance pour la clarification des vins et autres liquides (1). Le dernier paragraphe de ce prospectus est très-curieux, et bien que nous l'ayons déjà cité dans une précédente édition de cette notice, nous croyons devoir le remettre sous les yeux du lecteur ; madame

---

(1) En cela, madame Lainé ne fait que répéter ce qui est bien connu par l'expérience, ainsi que par les instructions de MM. Darcet et Robert, publiées entre autres par le Bazar Parisien, f° 308, 1re année, 1821.

Il est fâcheux que cet éloge, si bien mérité par la chose en elle-même, ne puisse s'appliquer à la gélatine sortie de la fabrique de cette dame, laquelle, par sa mauvaise élaboration, son peu de transparence, résultat nécessaire du mauvais choix des matières premières, est tombée au-dessous de toute critique.

Lainé continue ainsi : « *mais pour être as-*
» *suré des bons effets de la gélatine, il faut*
» *l'acheter dans les lieux ci-après désignés,*
» *et nulle autre part : cet avis est d'autant*
» *plus essentiel, qu'un ouvrier chimiste qui*
» *travaillait pour et sous la direction de*
» *monsieur, et ensuite de madame Lainé* (1),
» *a, tout récemment, établi un dépôt de gé-*
» *latine chez des négocians de la capitale* (2).

---

(1) Par suite de la troisième faillite de son mari.

(2) M. Appert est trop avantageusement connu par ses travaux et ses inventions utiles, honorés des suffrages du gouvernement et de plusieurs sociétés savantes, pour ne pas être au-dessus de semblables attaques ; mais ici l'impudence est portée à son comble. Ne semblerait-il pas, à entendre M. et madame Lainé, que M. Appert est un simple ouvrier chimiste, un mercenaire qui, ayant travaillé dans leur laboratoire, aurait dérobé leur secret ? Oser imprimer de pareils mensonges, c'est sans contredit, franchir toutes les bornes de la malveillance et de la calomnie.

Madame Lainé a-t-elle donc oublié sa lettre que nous avons citée plus haut ; son mari, lui-même, a-t-il oublié le projet d'acte du mois de juin 1825, rédigé par lui, entièrement écrit de sa main, et dans lequel M. Appert est qualifié *d'auteur et de propriétaire* d'un nouveau procédé pour préparer la gélatine ?

Il faut en convenir, il n'appartenait pas seulement aux

» *Ces derniers, sans scrupule comme sans*
» *crainte* (1), *après avoir formé des dépôts*
» *secondaires dans les départemens, ont fait*
» *insérer des annonces dans les journaux et*
» *distribuer des notices copiées mot à mot*
» *sur celles de madame Lainé* (2). *Les tribu-*

époux Lainé de reculer les bornes de la mauvaise foi, il leur appartenait encore d'en poser à l'absurde !

(1) *Quoique leur nom soit honorable d'ailleurs*, dit madame Lainé dans son dernier libelle, ce qui nous semblerait un peu contradictoire si nous ne connaissions avec quelle facilité cette dame chante la palinodie selon les temps.

(2) Le peu d'importance que l'on attache ordinairement à la rédaction des annonces d'un objet usuel, pourrait nous dispenser d'un examen sérieux de la plainte de madame Lainé. Pourtant, s'il était vrai que les annonces répandues par MM. Jacques et compagnie fussent en partie semblables à celles distribuées par madame Lainé, nous serions justifiés d'un seul mot. Elles étaient toutes rédigées par M. Appert; comme dépositaires et chargés de la vente de la gélatine, M. et Mme Lainé ne faisaient que les promulguer. A l'instant où ils cessèrent d'être chargés de cette vente, MM. Jacques qui leur succédèrent, le furent de cette promulgation. Voilà toute l'explication d'un fait très-simple que les époux Lainé ont cherché à dénaturer et à présenter comme un plagiat.

» naux, les lois feront justice de ces actes (1);
» ils importeraient peu aux consommateurs,
» si ce n'est que la gélatine illégalement ven-
» due (2) est obscure, mal purifiée, incom-
» plètement élaborée et d'inférieure qualité,
» tandis que celle de madame Lainé est belle,
» claire, entièrement transparente; enfin,
» de supérieure qualité, elle se reconnaîtra
» d'ailleurs secondairement par les mots
» femme Lainé, imprégnés dans plusieurs
» des tablettes qui composeront chaque pa-
» quet cacheté. »

Ce langage, tout séduisant qu'il est, ne vient que d'un homme, qui, comme le geai de la fable, veut se parer des plumes du paon; il est très-facile d'y répondre. En effet, si madame Lainé a découvert un nouveau procédé pour dépurer la gélatine, quelle est la société savante à laquelle elle a soumis sa découverte et qui l'a honorée de son suffrage?

---

(1) Quand madame Lainé aura justifié de ses droits à l'obtention de son brevet; la cause ne sera pas appelée de long-temps!

(2) Par M. Appert, auteur du nouveau procédé publié en 1823.

Quels sont les hommes de l'art qui l'ont vue opérer et qui ont approuvé son procédé (1)?

En un mot, en quoi ce procédé entièrement opposé à celui du premier inventeur, diffère-t-il de celui de M. Appert?

De tout ce qui précède il résulte évidemment :

1° Que jamais M. Appert n'a travaillé exclusivement pour et sous la direction de M. et madame Lainé, pas plus que pour MM. Darcet et Robert. Comme tous les fabricans, M. Appert a toujours confectionné *librement*

---

(1) « Le conseil de salubrité, au nombre de quatre » membres (c'est madame Lainé qui parle), appartenant, » comme chacun sait, à l'Institut et aux académies, vou- » lut bien, en visitant ma fabrique le 18 novembre » (1826), adresser quelques complimens à mon mari » qui la dirige. »

Le sieur Lainé tait les noms des quatre académiciens qui ont bien voulu lui adresser quelques complimens ; cette réticence de sa part a lieu de surprendre. Craint-il que quelques mots polis, échappés à ces Messieurs, puissent un jour le compromettre? Ou bien cette visite, racontée si ingénument, ne serait-elle qu'une gentillesse de son esprit? Nous n'oserions l'affirmer, mais nous serions bien tentés de le croire.

et *sans directeur*, pour faire jouir la société des avantages attachés à sa découverte ;

2° Que les qualités supérieures de la gélatine qu'il confectionne, ne peuvent être contestées que par des hommes de mauvaise foi, jusqu'à ce que des expériences soumises à l'examen d'un corps savant, et ayant obtenu son approbation, nous aient appris qu'il existe un troisième procédé véritablement opposé à ceux de MM. Darcet et Appert, et qui l'emporte sur celui de ce dernier ;

3° Que les démarches faites par M. et madame Lainé, tant auprès de M. Appert, qu'auprès de MM. Jacques et compagnie, pour avoir de cette gélatine, sont la preuve la plus complète de la supériorité qu'eux-mêmes lui reconnaissent.

En définitive, M. Appert a lieu d'espérer que les suffrages qu'il a obtenus à diverses époques, tant du gouvernement que de la société d'Encouragement pour ses procédés chimiques (1), le mettront complètement à l'a-

---

(1) *Société d'Encouragement pour l'industrie nationale.*

Extrait du procès-verbal de la *séance* du conseil d'ad-

bri du dommage que la malveillance cherche à lui causer, en dépréciant ses productions; et quelles que soient les manœuvres employées par les époux Lainé, il ose croire

---

ministration, du 17 mars 1824. Au nom du comité des arts mécaniques, M. Labarraque lit un rapport sur la gélatine de M. Appert.

Le comité estime que M. Appert continue à mériter les suffrages de la Société, sous le rapport de la fabrication de la gélatine.

Les conclusions tendent à ce qu'il soit inséré dans le bulletin.

Les conclusions sont adoptées.

Pour extrait conforme,

Signé JOMARD.
Membre de l'institut de France.

Nota. Le rapport dont il s'agit est inséré au bulletin de mars, page 91, 23e année.

Enregistré sous le n° 2590, 3e registre d'ordre.

Société d'Encouragement pour l'industrie nationale.

« Je soussigné, secrétaire de la société d'Encoura-
» gement pour l'industrie nationale, certifie que M. Ap-
» pert, chimiste, demeurant à Paris, rue Moreau, n° 17,
» aux Quinze-Vingts, a présenté, le 26 novembre 1823,
» des échantillons de gélatine préparée sans acide, et
» qu'on peut employer aux usages alimentaires à l'instant

(43)

que le public toujours équitable, voudra bien lui conserver la confiance dont il l'honore depuis tant d'années.

» même où on la retire de l'appareil, au lieu que par
» le procédé ordinaire, on est obligé de laver et de dé-
» purer la gélatine pour en extraire tout l'acide dont
» elle est imprégnée.

Enregistré sous le n° 2024, 2e registre d'ordre.

Signé JOMARD,
Membre de l'Institut.

Enregistré sous le n° 2590, 3e registre d'ordre.

IMPRIMERIE D'ÉVERAT, RUE DU CADRAN, N° 16.

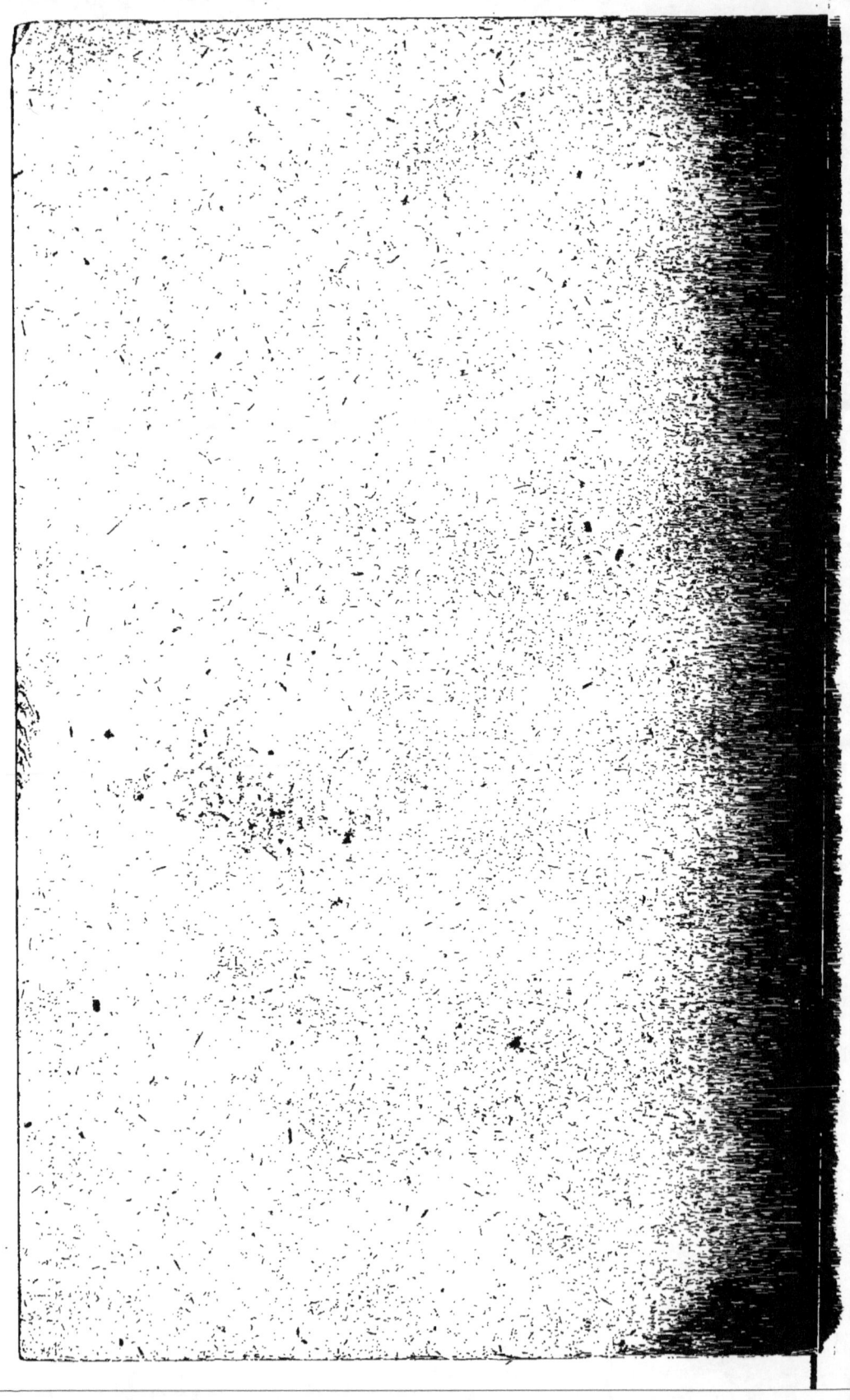

www.ingramcontent.com/pod-product-compliance
Lightning Source LLC
LaVergne TN
LVHW021700080426
835510LV00011B/1497